Dirk Konnertz & Christiane Konnertz

Klassenarbeiten

– fit in 30 Minuten

Kids auf der Überspur

Die Deutsche Bibliothek – CIP-Einheitsaufnahme

Ein Titeldatensatz für diese Publikation ist bei Der Deutschen Bibliothek erhältlich.

Herausgeber: Das LernTeam, Marburg
Lektorat: Hille & Schäfer, Freiburg
Illustrationen, Titel und Layout: Ulf Marckwort, Kassel
Illustration Rücktitel: Martina Foßhag, Kassel
Satz: Frank Werner, Kassel
Druck und Verarbeitung: Salzland Druck, Staßfurt

2. Auflage 2006

Hinweis:
Dieses Buch ist sorgfältig erarbeitet worden. Dennoch erfolgen alle Angaben ohne Gewähr. Weder Autor noch Verlag können für eventuelle Nachteile oder Schäden, die aus den im Buch gemachten Hinweisen resultieren, eine Haftung übernehmen.

Printed in Germany

www.gabal-verlag.de

ISBN 3-89749-559-7

In 30 Minuten

auf die Überholspur!

Dieses Buch ist so konzipiert worden, dass du in kurzer Zeit erfährst, wie du Klassenarbeiten besser bewältigen kannst.

- Jedes Kapitel beginnt mit drei zentralen Fragen, die im Verlauf des jeweiligen Kapitels beantwortet werden.

- Nach jedem Kapitel werden die wichtigsten Inhalte noch einmal zusammengefasst.

Da dieses Buch so klar und deutlich strukturiert ist, kannst du es immer wieder zur Hand nehmen, um schnell die für dich interessanten Teile zu wiederholen. Das Stichwortregister wird dir dabei eine zusätzliche Hilfe sein.

Inhalt

Hallo und herzlich willkommen!

Klassenarbeiten werden von vielen Schülern gehasst. Manche bekommen schon beim bloßen Gedanken daran ein flaues Gefühl im Magen. Einige Schüler befinden sich durch Klassenarbeiten im Dauerstress und sind im schlimmsten Fall schon in folgendem Teufelskreis gefangen:

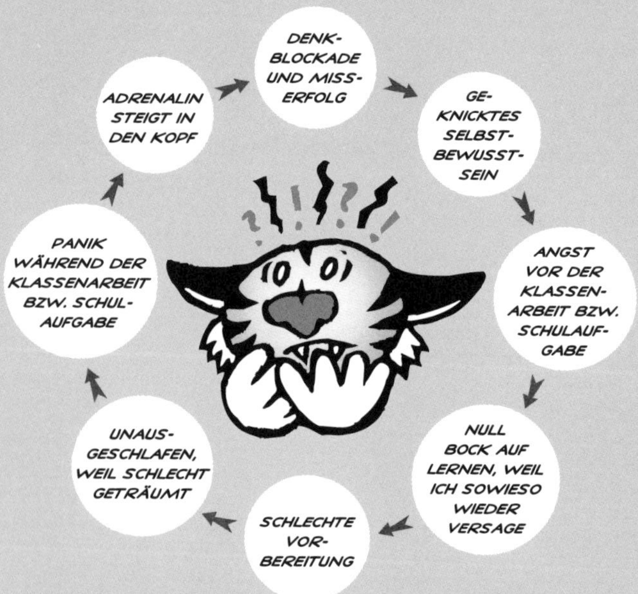

In diesem Büchlein wollen wir dir zeigen, wie du aus dem Teufelskreis herauskommst und wie du dich davor schützen kannst überhaupt hineinzugeraten.

Klassenarbeiten meistern

Dazu erfährst du in *Kapitel 1*, warum Angst manchmal sogar wichtig ist und was du tun kannst, wenn du vor oder während einer Klassenarbeit Angst bekommst.
In *Kapitel 2* geben wir dir Tipps, wie du dich auf Klassenarbeiten gezielt vorbereiten kannst und in *Kapitel 3* stellen wir dir spezielle Lerntechniken vor, die dir bei der Vorbereitung eine große Hilfe sein werden.
Abschließend erfährst du in *Kapitel 4*, wie du dich während einer Klassenarbeit verhalten kannst, um einen „kühlen Kopf" zu behalten.

Viel Spaß mit unserem Buch und viel Erfolg bei den nächsten Klassenarbeiten wünschen dir

Dirk Konnertz & Christiane Konnertz
(www.lernteam.de)

Einstiegstest: Wie bekommst du Klassenarbeiten in den Griff?

Mit dem folgenden kleinen Test sollst du herausfinden, wie du Klassenarbeiten bislang in den Griff bekommst. Beantworte dazu folgende Fragen.

	Ja	Nein
1. Schläfst du schlecht vor Klassenarbeiten?	○	○
2. Fühlst du dich häufig mies vor Klassenarbeiten?	○	○
3. Hattest du schon mehrmals einen „Blackout“ während einer Klassenarbeit?	○	○
4. Spürst du Zeitdruck während der Arbeit?	○	○
5. Bist du während einer Arbeit manchmal verzweifelt?	○	○
6. Wirst du öfter mit den Aufgaben der Klassenarbeit nicht fertig?	○	○
7. Fängst du erst auf den letzten Drücker mit der Vorbereitung an?	○	○
8. Besteht deine Vorbereitung meist darin, dass du dir deinen Lernstoff lediglich nochmal durchliest?	○	○
9. Weißt du oft nicht, was du vor einer Arbeit lernen sollst?	○	○
10. Sind deine Hefte unvollständig und/oder unordentlich?	○	○

	Ja	Nein
11. Musst du während der Arbeit immer mal wieder etwas durchstreichen, was du schon geschrieben hast?	●	●
12. Lässt du dich von anderen vor einer Klassenarbeit verrückt machen?	●	●
13. Lernst du am Tag vor der Arbeit noch am Abend?	●	●
14. Lernst du manchmal morgens am Tag der Klassenarbeit?	●	●

Auswertung des Tests

Mehr als sechs Fragen mit „Ja" beantwortet?
Für dich kommt dieses Buch gerade zur richtigen Zeit. Du benötigst dringend Unterstützung, damit du in Zukunft auch schwierige Klassenarbeiten gut vorbereitet und ohne großen Stress bewältigen kannst. Die Tipps zur Vorbereitung auf Klassenarbeiten und zum Verhalten während der Arbeit werden dir auf alle Fälle helfen, sicherer und ruhiger in die nächsten Klassenarbeiten zu gehen.

Mehr als sieben Fragen mit „Nein" beantwortet?
Du machst schon vieles sehr gut. Unsere Tipps und Anregungen werden dir helfen, noch sicherer die kommenden Klassenarbeiten zu bestehen. Dazu erfährst du auf den nächsten Seiten unter anderem, wie du dich besser und effektiver auf Arbeiten vorbereitest und wie du während der Arbeit einen kühlen Kopf behalten kannst.

Alle Fragen mit „Nein" beantwortet?
Gratuliere! Du bist ein Meister im Bewältigen von Klassenarbeiten. Du bereitest dich perfekt vor, hast keine Prüfungsangst und verhältst dich während der Klassenarbeit vollkommen richtig. Wenn du dieses Buch aus Interesse trotzdem lesen möchtest, dann wünschen wir dir viel Spaß dabei. Solltest du jetzt an dieser Stelle aussteigen, dann schenke oder leihe dieses Buch doch jemandem, der dringend Hilfe benötigt.

1. Keine Angst vor Klassenarbeiten

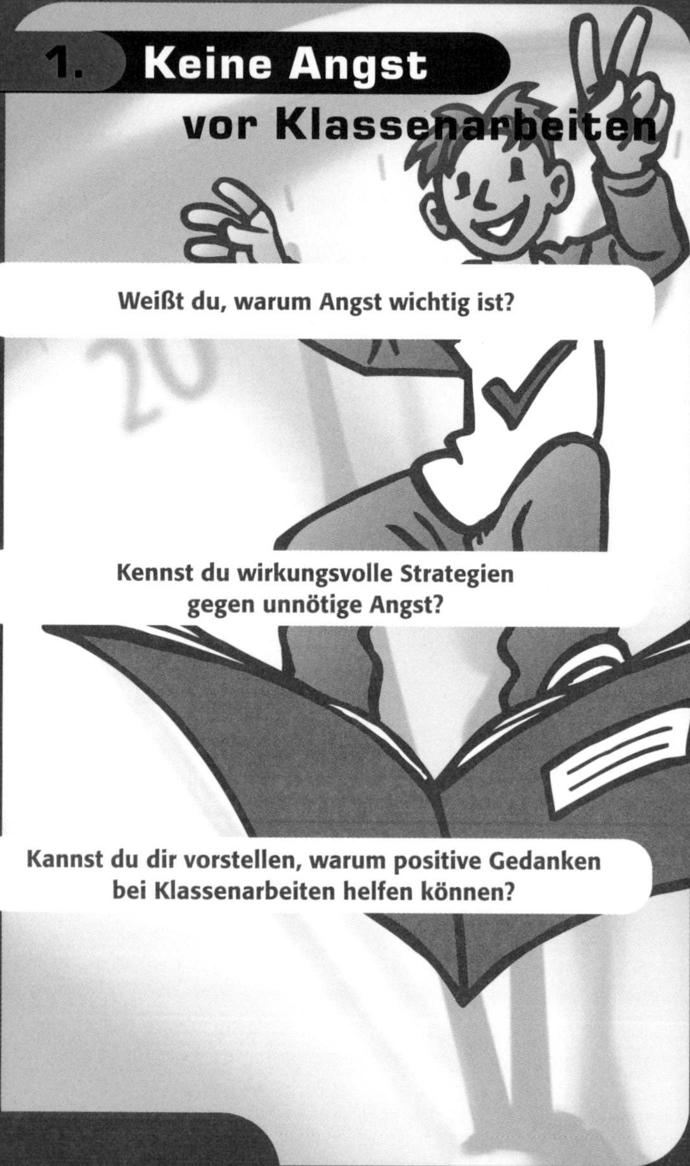

Weißt du, warum Angst wichtig ist?

Kennst du wirkungsvolle Strategien gegen unnötige Angst?

Kannst du dir vorstellen, warum positive Gedanken bei Klassenarbeiten helfen können?

Schon beim Durchlesen der Aufgaben dachte Esther: „Verflixt, die Arbeit schaffe ich nicht!“ Dabei war Mathe ihr Lieblingsfach. Vielleicht hatte sie sich zu sicher gefühlt und sich deshalb nicht gut genug auf diese Arbeit vorbereitet? Zehn Minuten später war es soweit: Denkblockade – jetzt ging gar nichts mehr.

Die erste 5 in Mathematik machte Esther nicht nur traurig, sondern dieser Misserfolg nagte auch ziemlich an ihrem Selbstbewusstsein. Lust zum Lernen für die nächste Arbeit hatte sie jetzt auch nicht mehr. „Die nächste Arbeit geht sowieso wieder daneben“, schoss ihr ständig durch den Kopf. Am Abend vor der Mathearbeit ging sie ohne richtige Vorbereitung und mit schlechtem Gewissen ins Bett. An Schlaf war nicht zu denken.

Müde und mit einem unguten Gefühl quälte sich Esther am nächsten Morgen in die Schule. Als sie sich die Aufgaben durchlas, machten sich sofort wieder Panik und Angst breit…

Wie es weiterging, kannst du dir bestimmt denken

Wer sich erst einmal in einem solchen Teufelskreis (siehe auch Seite 6) befindet, hat häufig Schwierigkeiten, wieder herauszufinden.

In diesem Kapitel wollen wir dir zeigen, was du tun kannst, um deine Angst vor Klassenarbeiten besser in den Griff zu bekommen.

Keine Angst

Wozu ist Angst da?

Alle Menschen haben Angst – manche etwas mehr, andere etwas weniger. Angst ist eine ganz natürliche und biologisch wichtige Reaktion.

Körperreaktionen bei Angst

Wenn du Angst hast, verändern sich in deinem Körper bestimmte Dinge, so dass du z.B. in der Lage bist, schneller wegzulaufen oder in einer gefährlichen Situation sofort zu reagieren.

Bei Gefahr

- beschleunigt sich deine Atmung, so dass deine Muskeln mit mehr Sauerstoff versorgt werden,
- wird dein Blut dickflüssiger, so dass es bei einer Verletzung schneller gerinnen kann,
- steigt deine Körpertemperatur und du beginnst zu schwitzen, weil mehr Energie zum Flüchten oder Kämpfen freigesetzt wird,
- spannen sich deine Muskeln an, so dass du weglaufen oder dich wehren kannst,
- musst du aufs Klo, um Ballast abzuwerfen, damit du wegrennen kannst und
- wird das Denken vorübergehend ausgeschaltet, damit es dich nicht an der sofortigen, rettenden Reaktion hindert!

Es gibt Situationen, in denen du besonders schnell und spontan handeln musst, um Gefahren abzuwenden. Dafür ist Angst da.

Stell dir vor, du spielst auf der Straße und plötzlich siehst du, wie ein Auto auf dich zurast. Wenn du lange überlegen würdest, in welche Richtung du am besten springen solltest um dich zu retten, wäre es wahrscheinlich schon zu spät.

Deshalb schaltet sich in einem solchen Moment das Denken ab, deine Muskeln spannen sich an und du springst „automatisch" zur Seite.

Je größer die Angst in einem solchen Moment ist, umso stärker wird auch das Denken blockiert. Dafür verantwortlich ist u.a. das Hormon Adrenalin. Bestimmt hast du schon im Zusammenhang mit sportlichen Höchstleistungen von diesem Hormon gehört. Bei manchen Extremsportarten versetzen sich die Sportler durch die hohe Adrenalinproduktion des Körpers beinahe in einen Rausch – das Denken wird ausgeschaltet und sie fühlen sich richtig „high".
Dies ist so zu erklären: In Stress-Situationen produziert der Körper das Hormon Adrenalin und schickt es ins Gehirn. Dort sorgt es dafür, dass die Verbindungen zwischen den Nervenzellen im Gehirn blockiert werden und damit das Denken unmöglich machen.

Angst verhindert schließlich das Denken

Ärgerlich ist es natürlich, dass das Denken nicht nur dann blockiert wird, wenn du in körperlicher Gefahr bist, sondern auch dann, wenn du z.B. in einer Klassenarbeit Angst vor dem Versagen hast. Gerade dann, wenn du denken solltest, bekommst du Angstgefühle. Dein Denken wird blockiert und du weißt gar nichts mehr. Später, wenn die Stress-Situation vorbei ist, fällt dir dann alles wieder ein – nur ist es jetzt zu spät.

Strategien gegen Angst

Um deine Angst in den Griff zu bekommen, solltest du dich zunächst fragen, warum du eigentlich vor und während einer Klassenarbeit Angst hast. Manche haben Angst zu versagen, sitzen zu bleiben, die Schule nicht zu schaffen, blöd vor den Mitschülern dazustehen, fürchten sich vor den Eltern, dem Lehrer...

Finde deine Gründe!

Denke die nächsten Minuten einmal darüber nach, warum du Angst vor Klassenarbeiten hast.

1. GRUND

2. GRUND

3. GRUND

4. GRUND

5. GRUND

Bedrohen die Gründe dein Leben?

Wohl nicht! Angst ist wichtig, hat aber nur den Zweck, dich vor lebensbedrohlichen Gefahren zu bewahren. Sie kann dir also bei einer Klassenarbeit nicht helfen – ganz im Gegenteil, sie schadet dir nur. Darüber solltest du dir im Klaren sein.

16

Nimm deine Körperreaktionen bewusst wahr

Dein Körper signalisiert dir deine Angst. Voraussetzung dafür, dass die Angst nicht schlimmer wird und du irgendwann einen „Blackout" bekommst, ist, dass du die Stressreaktionen deines Körpers akzeptierst und ganz bewusst wahrnimmst. Wenn du z. B. vor einer Klassenarbeit Bauchschmerzen hast, dann solltest du diese nicht verdrängen oder überspielen, denn sonst werden die Schmerzen nur noch schlimmer oder du bekommst zusätzlich auch noch Kopfschmerzen. Lehn dich in solchen Situationen entspannt zurück und atme dreimal tief durch, bis du dich in eine ruhige Ausgangssituation gebracht hast. Nun atmest du ruhig weiter und checkst deinen Körper dabei von oben nach unten durch, z. B. von den Zehen ausgehend über Füße, Waden, Knie, Oberschenkel, Po, Finger, Hände, Arme, Bauch, Rücken, Brust, Schultern, Nacken, Hals, Kiefer, Mund, Wangen, Ohren, Nase, Augen bis hin zur Stirn.

Nimm dir bei jedem Körperteil ausreichend Zeit und benenne das Gefühl am besten mit einem Vergleich, z. B.: „Meine Knie sind so weich wie Butter" oder „Meine Stirn ist so heiß wie die Sonne in der Wüste Sahara" oder „In meiner Brust steckt ein riesiger Wackerstein" oder „Mein Bauch fühlt sich an wie nach zwei Stunden Karussellfahrt".

Dadurch, dass du die zitternden Knie oder die Bauchschmerzen bewusst wahrnimmst, werden die unangenehmen Gefühle zumindest nicht schlimmer. Oft verschwinden sie auch bald wieder.

Mache eine Atemübung

Solltest du spüren, dass dein Herz rast und dein Puls schneller wird, dann kannst du versuchen, mit folgender Atemtechnik deinen Pulsschlag wieder zu verlangsamen:
Konzentriere dich nur auf deine Atmung. Atme nun ruhig und tief durch die Nase ein. Während du einatmest, zählst du langsam in Gedanken 1 – 2 – 3. Nun hältst du die Luft an, während du 4 – 5 weiterzählst. Schließlich atmest du langsam die Luft durch den Mund aus und zählst dabei rückwärts von 5 bis 1.
Nach drei bis vier Atemzügen wirst du bereits bemerken, dass du wieder ruhiger bist.

18

Beruhige dich bei einer Muskelentspannung

Durch einen gezielten Wechsel von Anspannung und Entspannung einzelner Muskelgruppen kannst du eine Gesamtentspannung deines Körpers erreichen und dich vor einer Klassenarbeit beruhigen.

Und so funktioniert diese Entspannungstechnik:

Spanne die angesprochenen Muskelpartien jeweils fünf bis acht Sekunden an und entspanne anschließend jeweils 20 Sekunden. Spüre dabei ganz genau dem Gefühl der Entspannung nach. Lege dich zur Übung auf den Rücken:

Beine und Füße anspannen: Beine strecken, Waden in den Boden drücken, Füße anziehen und Zehen spreizen.

Bauch-Becken-Gesäß anspannen: Bauch anspannen und Gesäß-Beckenboden zusammenkneifen.

Arme und Hände anspannen: Fäuste vor der Brust ballen und zur Schulter ziehen.

Hals-Nacken-Schultern anspannen: Kopf vom Boden abheben und Schultern nach hinten zusammenziehen.

Gesicht anspannen: Stirn in Falten legen, Nase rümpfen, Kiefer zusammenbeißen und Lippen aufeinander pressen.

In unserem Buch *Entspannen – fit in 30 Minuten* findest du diese Entspannungsübungen ausführlicher beschrieben. Alle Entspannungsübungen zielen darauf ab, dass du in Stress-Situationen wieder ruhiger wirst und mit einem klaren Kopf weiterarbeiten kannst.

Rufe positive Gedanken ab

Unsicherheit und Ängste entstehen durch schlechte Erfahrungen, wie z.B. schlechte Noten oder einen „Blackout“ bei einer Klassenarbeit. Doch jeder Mensch macht irgendwann auch einmal gute Erfahrungen, z.B. im Sport, mit der Musikband und natürlich auch in der Schule. Die Erfahrung selbst, aber auch die Erinnerung daran tragen dazu bei, dass du dich gut fühlst und stärken so dein Selbstbewusstsein. Gerade weil schlechte Erfahrungen in der Regel eher im Gedächtnis bleiben als gute, ist es wichtig, dass du die guten und angenehmen Erfahrungen so oft wie möglich wieder in dein Gedächtnis rufst.

Mach es dir auf deinem Bett oder in einem Sessel gemütlich und denke ganz intensiv an eine solche positive Erfahrung. Versuche dabei, alles so echt wie möglich zu erleben und erinnere dich genau an das, was du gesehen, gehört und gefühlt hast. Wenn du magst, dann kannst du dieser Erfahrung ein Geheimwort geben. Mit etwas Übung befindest du dich dann sofort wieder mitten in dieser angenehmen Erfahrung, wenn du dir das Geheimwort in Erinnerung rufst. Besonders vor und während einer Klassenarbeit kann dir das eine große Hilfe sein.

Gehe positiv an den Start!

Durch schlechte Gedanken können Stress und Angst entstehen. Gehst du hingegen positiv gestimmt in die Klassenarbeit, ist dein Kopf frei und du kannst dich vollkommen auf die Aufgaben konzentrieren.

Kennst du die „sich selbsterfüllende Prophezeiung“?
Häufig passieren gerade die Dinge, die man unbedingt verhindern möchte. Du denkst z.B. ständig daran, dass du in der Klassenarbeit nervös werden könntest, und siehe da, tatsächlich wirst du so zittrig, dass du kaum schreiben kannst. Um solche Befürchtungen aus deinem Kopf zu vertreiben, kannst du dich durch positive Gedanken „beflügeln“.

Achtung: Du kannst nicht nicht denken!
Auch der Gedanke „Ich bin nicht nervös und habe keine Angst!“ könnte genau das Gegenteil bewirken, nämlich dass du schließlich Angst bekommst. Dies liegt daran, dass der Mensch nicht nicht denken kann. Probiere es einmal aus: Denke jetzt bitte nicht an die nächste Klassenarbeit. Schwierig, oder?

Formuliere deinen persönlichen Mutmacher-Satz
Finde für Klassenarbeiten einen positiven Mutmacher-Satz, der dir Ruhe und Kraft gibt, die Herausforderung zu meistern. Schreibe den Satz auf eine Karte und lies ihn dir vor der nächsten Klassenarbeit mehrmals laut vor. Achte darauf, dass du richtig formulierst, also das schreibst, was du möchtest, und auf keinen Fall das, was du nicht möchtest.

*ICH BIN LOCKER UND ENTSPANNT
UND KANN MICH IN DER KLASSENARBEIT
GUT KONZENTRIEREN.*

Zusammenfassung

- **Angst ist eine natürliche und biologisch wichtige Reaktion. Ohne Angst würdest du allen Gefahren schutzlos ausgeliefert sein. Leider blockiert die Angst dein Denken oft genau in solchen Situationen, in denen sie nicht benötigt wird, z. B. in Klassenarbeiten.**
- **Du kannst die Angst vor Klassenarbeiten besiegen! Wenn du deine Körperreaktionen bewusst wahrnimmst und deinen Körper mit Hilfe von Entspannungstechniken beruhigst, baust du Angst und Stress wieder ab.**

- **Schlechte Gedanken fördern die Angst. Gehe deshalb positiv gestimmt in Klassenarbeiten. Ein persönlicher Mutmacher-Satz kann dir dabei helfen.**

2. Bereite dich richtig vor

Weißt du, wie du die Lernzeit für Klassenarbeiten verkürzen kannst?

Kennst du die Regel: Vorbereitungszeit verdoppeln – Ausführungszeit halbieren?

Möchtest du wissen, wie der 5-Tage-Plan für Klassenarbeiten funktioniert?

Heute hat Mike seine Englischarbeit zurückbekommen und ist heillos enttäuscht. Schon wieder hat er eine 5 geschrieben. Eigentlich wollte er sich auf diese Arbeit richtig gut vorbereiten. Er hatte sich vorgenommen, am Montag mit der Vorbereitung zu beginnen, da kam ihm aber die Geburtstagsfete von Florian in die Quere. Am Dienstag setzte sich Mike dann an seinen Schreibtisch, allerdings ohne einen genauen Plan zu haben, was er eigentlich lernen sollte. Er blätterte lustlos in seinem Englischbuch und beschloss Björn anzurufen. Der konnte ihm aber auch keinen Rat geben. Am Mittwoch, dem Tag vor der Arbeit, fragte Mike in der Schule Marion. Sie gab ihm den Tipp, seine Hefteinträge nochmal anzuschauen. Zu Hause stellte er frustriert fest, dass seine Mitschriften unvollständig sind. Beim Einschlafen am Abend und noch mehr am nächsten Morgen hatte Mike ein flaues Gefühl im Magen. Während der Klassenarbeit wurde das ungute Gefühl immer schlimmer, so dass er sich überhaupt nicht mehr konzentrieren konnte. Schade – denn die Arbeit war gar nicht so schwer.
Jetzt ist Mike mal wieder schlauer: Hätte er sich rechtzeitig vorbereitet, wäre die Arbeit sicherlich besser gelaufen.

Vorbereitung bringt Sicherheit

Mit der richtigen Vorbereitung gehst du souverän in die Klassenarbeit und legst so den Grundstein für den Erfolg. Was du bei der Vorbereitung berücksichtigen solltest, erfährst du auf den folgenden Seiten.

richtig v

Immer am Ball bleiben

Wenn du nicht nur „auf den letzten Drücker" lernst, sondern immer auf dem Laufenden bleibst, benötigst du weniger Zeit zur Vorbereitung unmittelbar vor der Klassenarbeit.

Arbeite im Unterricht aktiv mit – erstelle Mitschriften

Beteilige dich am Unterrichtsgeschehen aktiv. Höre aufmerksam zu und schreibe wichtige Dinge auf. Deine Mitschriften sollten beinhalten:

- Tafelanschriebe und Tafelbilder
- Lehrerdiktate
- eigene Unterrichtsmitschriften

Gerade Unterrichtsmitschriften sind sehr sinnvoll. Sie helfen dir, dich bei der Vorbereitung auf die Klassenarbeit wieder an den Lernstoff zu erinnern. Wenige Stichpunkte oder eine kurze Zusammenfassung der Stundeninhalte reichen dazu oft aus.

Stelle Fragen, wenn du etwas nicht verstehst

Trau dich zu fragen, wenn dir etwas unklar ist. Am besten gleich während der Unterrichtsstunde. Sollten zu Hause bei den Hausaufgaben oder beim Lernen Fragen auftauchen, dann notiere sie, um sie in der nächsten Stunde zu klären.

Ordne Arbeitsblätter und Kopien

Du erleichterst dir die Vorbereitung auf eine Klassenarbeit, wenn deine Aufzeichnungen, Arbeitsblätter und Kopien nicht nur vollständig, sondern auch geordnet sind. Lege für jedes Fach einen eigenen Ordner an, in den du deine Materialien sofort und in der richtigen Reihenfolge einheftest.

Behalte den Überblick – wiederhole sofort

Schau dir deine Hefteinträge und Unterrichtsmaterialien immer am selben Tag noch einmal an. Je früher, desto besser. Das hilft dir, die neuen Inhalte in deinem Gedächtnis sicher zu speichern.

Ergänze dein Wissen

Nutze das Internet, falls du weitere Informationen zum Lernstoff benötigst. Einen guten Überblick über aktuelle Links für unterschiedliche Schulfächer und Themengebiete findest du in dem Buch: *Der Internet-Guide für Schüler, moses. Verlag, ISBN 3-89777-183-7.*

Lass dir helfen!

Hab den Mut dir Hilfe zu holen, wenn du das Gefühl hast, den Anschluss zu verlieren. Sollten dich Freunde und Mitschüler nicht unterstützen können, dann sprich mit deinen Eltern über eine mögliche Nachhilfe.

Rechtzeitig beginnen

Je früher du mit der Vorbereitung beginnst, desto stressfreier und effektiver verläuft sie. Viele Schüler neigen aber dazu, die Vorbereitung für Klassenarbeiten immer weiter aufzuschieben und schließlich – wenn überhaupt – erst in letzter Sekunde zu lernen.

Ändere deine Gewohnheiten – beginne neu

Leidest auch du unter „Aufschieberitis"? Hast du dich in der Vergangenheit entweder gar nicht oder zu wenig auf Klassenarbeiten vorbereitet? Wenn ja, dann wird es dir schwer fallen, deine Strategie zu ändern und bei den nächsten Arbeiten rechtzeitig zu beginnen.
Deshalb ziehe jetzt einen Schlussstrich unter deine alten Gewohnheiten. Was in der Vergangenheit schief gelaufen ist, kannst du heute nicht mehr ändern. Du kannst aber in Zukunft bessere Arbeiten schreiben, wenn du ab jetzt früher mit der Vorbereitung beginnst.

Den „inneren Schweinehund" überwinden

Gib deinem „inneren Schweinehund" keine Chance, wenn er versucht, dich vom richtigen Weg abzubringen. Sätze wie „Für diese Arbeit muss ich mich nicht vorbereiten" oder „Es reicht doch, sich einen Tag vorher die Sachen ins Kurzzeitgedächtnis zu hämmern" oder „Ich weiß ja sowieso nicht, was drankommt" sollten endgültig aus deinem Kopf verschwinden. Zeige deinem „inneren Schweinehund“, dass du der Stärkere bist!

Möchtest du mehr darüber erfahren, wie du dich in schwierigen Situationen motivieren kannst, dann empfehlen wir dir unser Buch *Motivation – fit in 30 Minuten*.

…und immer die Augen und Ohren aufsperren!

Wenn man nur aufmerksam zuhört, kann man aus den Bemerkungen der Lehrer häufig entnehmen, was in der nächsten Klassenarbeit drankommt. Viele Schüler überhören oder verschlafen leider solche Botschaften. Also – im Unterricht solltest du immer hellwach sein!

Der 5-Tage-Plan

Plane in Zukunft die Vorbereitung deiner Klassenarbeiten mit Hilfe des 5-Tage-Plans.

Tag 1: Überblick gewinnen und planen

Wenn du dir zuerst einen genauen Überblick über den Lernstoff machst, kannst du dich anschließend gezielt und zügig vorbereiten. Der erfolgreiche Managementtrainer und Zeitexperte Josef Schmidt sagt: „Vorbereitungszeit verdoppeln – Ausführungszeit halbieren". Nutze Tag 1 in diesem Sinne:

- Ordne deine Materialien (Bücher, Arbeitsblätter, Hefteinträge, persönliche Notizen). Sollte etwas fehlen, dann organisiere dir die Materialien von Mitschülern.
- Notiere auf einem Blatt Papier, was für die Klassenarbeit gelernt werden muss. Weißt du nicht, was du lernen musst, dann solltest du heute deine Mitschüler oder Lehrer fragen.
- Teile den Vorbereitungsstoff in zwei Portionen. Den ersten Teil lernst du am Tag 2, den zweiten Teil am Tag 3. Wenn du merkst, dass du etwas nicht verstanden hast, dann organisiere dir heute Hilfe.
- Überlege dir Lernstrategien, wie du den Lernstoff am besten lernen und wiederholen kannst. Im Kapitel 3 geben wir dir Tipps und Anregungen dazu.
- Suche dir Übungen, die den Stoff vertiefen. Vielleicht gibt es ja Übungsarbeiten zu deinen Themen?

Tag 2 und Tag 3: Gezieltes Lernen und Wiederholen

Diese beiden Tage sind für das Nachlernen und Wiederholen der Lerninhalte reserviert. Konzentriere dich dabei gezielt auf deine Schwachstellen – den Lernstoff, der noch nicht richtig sitzt. Nutze dabei die Lerntechniken, die wir dir im folgenden Kapitel vorstellen.

Tipp:

Es kann hilfreich und motivierend sein, wenn du an einem dieser Tage mit Freunden übst. Ihr könnt euch gegenseitig den Lernstoff erklären und offene Fragen gemeinsam beantworten.

Tag 4: Gesamtwiederholung und Generalprobe

Wiederhole noch einmal die Inhalte der letzten beiden Vorbereitungstage. Als Generalprobe könntest du an diesem Tag eine „Übungsarbeit" schreiben, die du selbst zusammenstellst, falls du keine fertigen Übungsarbeiten findest. Überlege dabei genau, welche Fragen dein Lehrer in der Arbeit stellen könnte.

Achte darauf, dass du deine Vorbereitung rechtzeitig beendest. Spätestens zum Abendessen sollte Schluss mit Lernen sein. Lege dir zum Abschluss alles, was du für den kommenden Tag benötigst, zurecht. So kannst du mit der nötigen Ruhe in die bevorstehende Klassenarbeit gehen.

Mache anschließend nur noch Dinge, die dich entspannen und auf andere Gedanken bringen, wie z. B. Musik hören, ein Buch lesen, baden…

Tag 5: Tag der Klassenarbeit

Stehe am Tag der Klassenarbeit rechtzeitig auf und lass dir Zeit für ein Frühstück. Mache alles in Ruhe. Denke immer daran: Du bist gut vorbereitet und voll konzentriert.
Lernen bringt an diesem Morgen übrigens überhaupt nichts, es verursacht im Gegenteil meistens nur Unsicherheit und Hektik. Begib dich rechtzeitig auf deinen Schulweg und bewahre auch auf dem Schulgelände die Ruhe.
Lass dich auf gar keinen Fall von Mitschülern verrückt machen. Wenn dich Klassenkameraden mit Fragen zur bevorstehenden Klassenarbeit nerven möchten, dann gehe ihnen am besten aus dem Weg.
Solltest du vor der Klassenarbeit nervös werden, dann mache eine der Entspannungsübungen, die auf den Seiten 16 bis 18 beschrieben sind. Mit fünf bis zehn ruhigen Atemzügen kannst du dich z. B. schnell wieder beruhigen.

Auf der nächsten Seite findest du unseren 5-Tage-Plan noch einmal in der Übersicht.

Tipp:

Wenn dir der Plan gefällt, dann kannst du ihn in DIN-A4 von unserer Internetseite herunterladen und ausdrucken.

www.lernteam.de/download/5-Tage-Plan.pdf

Tag 1:

Überblick gewinnen und planen

Tag 2:

Gezieltes Lernen und Wiederholen – Teil 1

Tag 3:

Gezieltes Lernen und Wiederholen – Teil 2

Tag 4:

Gesamtwiederholung und Generalprobe

Tag 5:

Tag der Klassenarbeit

Klassenarbeiten „managen“

Dienstag Englischarbeit, Mittwoch Biologietest, am Freitag Mathearbeit und schon nächsten Dienstag das Diktat zur Groß- und Kleinschreibung: Oft musst du dich nicht nur auf eine Arbeit vorbereiten, sondern es werden in einer Woche mehrere Arbeiten und Tests geschrieben. Gerade in diesem Fall ist es sinnvoll, die Vorbereitungszeiten schriftlich zu planen, damit du die Übersicht behältst und dir keine Klassenarbeit „durch die Lappen“ geht.

Wenn's zu viel wird – noch früher beginnen

Wenn viele Arbeiten in einem Zeitraum anstehen, erhöht sich die tägliche Vorbereitungszeit. An manchen Tagen musst du dich eventuell sogar auf mehrere Klassenarbeiten vorbereiten. Wenn diese Vorbereitungszeit zu viel wird, dann solltest du mit dem Lernen für bestimmte Arbeiten früher beginnen und zwischendurch „freie“ Tage für andere Fächer einplanen.
Das Beispiel auf der folgenden Seite soll dir zeigen, wie ein solches „Klassenarbeitsmanagement“ bei mehreren Klassenarbeiten in einer Woche aussehen kann.
Auf Seite 34 findest du zusätzlich den unausgefüllten Plan als Kopiervorlage. Diesen Vorbereitungsplan kannst du dir auch im Internet von unserer Internetseite downloaden:

www.lernteam.de/download/vorbereitungsplan.pdf

Vorbereitungsplan

Montag	Dienstag	Mittwoch	Donnerstag	Freitag	Samstag	Sonntag
24. MAI	25. MAI	26. MAI	27. MAI	28. MAI	29. MAI	30. MAI
BIOLOGIE (TAG 4)	BIOLOGIE-ARBEIT					
ENGLISCH FREI	ENGLISCH (TAG 4)	ENGLISCH-ARBEIT				
MATHE (TAG 2)	MATHE FREI	MATHE (TAG 3)	MATHE (TAG 4)	MATHE-ARBEIT		
			DEUTSCH (TAG 1)	DEUTSCH (TAG 2)	DEUTSCH (TAG 3)	DEUTSCH (TAG 4)

Vorbereitungsplan

Montag	Dienstag	Mittwoch	Donnerstag	Freitag	Samstag	Sonntag

Im Voraus planen

Plane am besten mehrere Wochen im Voraus. (Es soll ja Lehrer geben, die fairerweise ihre Klassenarbeitstermine rechtzeitig ankündigen!?)

Trage neue Termine für Klassenarbeiten sofort in deinen Plan ein. Wenn du möchtest, kannst du zusätzlich notieren, was du an den Vorbereitungstagen genau machen möchtest, z.B. Vokabeln wiederholen, Rechtschreibregeln lernen, Textaufgaben üben, ein Übungsdiktat schreiben…

Zusammenfassung

- **Wenn du in der Schule auf dem Laufenden bleibst, benötigst du weniger Zeit zur Vorbereitung. Arbeite im Unterricht aktiv mit und stelle Fragen, wenn du etwas nicht verstehst. Schau dir deine Hefteinträge und Unterrichtsmaterialien am selben Tag noch einmal an.**
- **Beginne rechtzeitig mit der Vorbereitung auf eine Klassenarbeit. Nutze den 5-Tage-Plan. Verschaffe dir einen Überblick (Tag 1), lerne gezielt (Tag 2 und 3) und reserviere einen Tag zum Wiederholen und für eine Übungsarbeit (Tag 4). So gehst du optimal vorbereitet in die Klassenarbeit (Tag 5).**

- **Plane schriftlich – gerade wenn mehrere Arbeiten in einer Woche anstehen. So behältst du den Überblick.**

3. Lerntechniken zur perfekten Vorbereitung

Weißt du, wie du dein Gehirn beim Lernen richtig nutzen kannst?

Willst du wissen, wie du schnell und viel auswendig lernen kannst?

Ist dir bekannt, wie Spickzettel richtig geschrieben werden?

Nutze deine linke und rechte Gehirnhälfte

Deine linke Gehirnhälfte steht für Struktur und Ordnung. Lernst du „links-hirnig", dann lernst du u.a. über das Sprechen, Hören, Lesen, Schreiben, Rechnen, Ordnen, Analysieren, logische Denken, Planen etc. Dies alles sind wichtige Fähigkeiten, um beim Lernen vorwärts zu kommen.

Hingegen „rechts-hirnig" bedeutet, wenn du beim Lernen u.a. deinen Ideen freien Lauf lässt, dir Bilder und Geschichten zum Lernstoff vorstellst, die Lerninhalte malst oder zeichnest, dich beim Lernen bewegst, z.B. zu Melodie und Rhythmus Mimik und Gestik einsetzt etc.

Effektiv lernst du, wenn du möglichst viele Fähigkeiten sowohl deiner linken als auch deiner rechten Gehirnhälfte zusammen einsetzt.

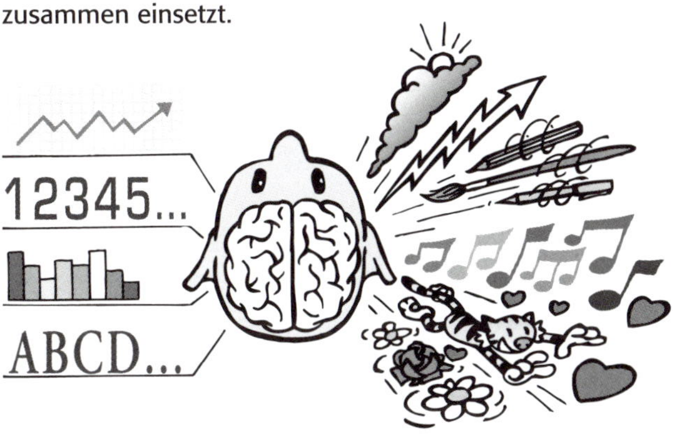

Wie du bei der Vorbereitung auf Klassenarbeiten dein Gehirn voll nutzen und den Lernstoff sicher behalten kannst, erfährst du in diesem Kapitel.

„Tuning“ fürs Gedächtnis

Die folgenden Tipps sollen dir helfen, den Stoff für Klassenarbeiten schneller und länger im Gedächtnis abzuspeichern.

Schalte Störungen aus – bleib bei der Sache

Organisiere dich so, dass du ungestört lernen kannst. Vermeide dabei nicht nur Ablenkungen von außen wie Telefon, Freunde, Geschwister etc., sondern achte auch darauf, dass du mit deinen Gedanken bei der Vorbereitung bist. Wenn du konzentriert bei der Sache bleibst, kannst du in weniger Zeit mehr lernen, wiederholen und bis zur Klassenarbeit behalten.

Lerne in Portionen – mach zwischendurch Pausen

Viele vergessen das Gelernte schnell wieder, weil sie ihr Gedächtnis mit zu viel Lernstoff auf einmal überlasten. Es hat z.B. kaum einen Sinn, wenn du für einen Vokabeltest von heute auf morgen 50 neue Vokabeln direkt hintereinander lernst. Teile den Lernstoff lieber in mehrere kleine Häppchen ein. Eine Faustregel: Nicht mehr als acht einzelne Informationen, also z.B. Vokabeln, auf einmal lernen. Danach benötigt dein Gedächtnis etwa 20 Minuten, um die Informationen zu verarbeiten. In dieser Zeit musst du übrigens nicht unbedingt eine Pause machen. Wenn du statt dessen einfach anderen Lernstoff lernst, stört dies den Verarbeitungsprozess nicht.

Du könntest z.B. zuerst acht Vokabeln lernen, dann eine Grammatikübung machen, im Anschluss daran weitere acht Vokabeln lernen, dann eine Textarbeit machen.
Vergiss dabei aber die Pausen nicht. Nach ca. 25 bis 30 Minuten solltest du eine kurze Pause von 5 bis 10 Minuten einlegen – spätestens wenn du merkst, dass deine Konzentration allmählich nachlässt.

Stein auf Stein!

Struktur und Ordnung helfen deinem Gedächtnis, den Lernstoff zu behalten. Es bringt nicht viel, wenn du bei der Vorbereitung deine Bücher und Aufzeichnungen wild durchblätterst, mal vorne, mal hinten und dann mal in der Mitte liest.

Plane deshalb vor dem Lernen eine genaue Reihenfolge der einzelnen Lern-Bausteine, die du zur Vorbereitung auf die Klassenarbeit benötigst. So bekommst du den perfekten Überblick über den Lernstoff, den du schon kannst, und den, den du noch genauer lernen musst.

Gekonnt auswendig lernen

Häufig musst du für eine Klassenarbeit Dinge einfach auswendig lernen. Die folgenden Gedächtnistechniken können dir dabei helfen, innerhalb kurzer Zeit viele einzelne Informationen zu lernen und gut zu behalten.

Die Loci-Technik

Bei dieser Technik musst du die zu lernenden Infos mit vorher festgelegten Orten in einem Raum oder bestimmten Punkten auf einem Weg (z.B. auf deinem Schulweg) verbinden.

Wegpunkte festlegen

Auf dem Weg von deiner Wohnung bis zur Schule könnten dies z.B. folgende Punkte sein: Haustür, Gartenzaun, Apfelbaum, Zeitungskiosk, Bushaltestelle, Briefkasten…

Wegpunkte mit zu lernenden Informationen verbinden

Nun verbindest du diese Wegpunkte mit den zu lernenden Informationen, z.B. den flächenmäßig zehn größten Ländern der EU in der richtigen Reihenfolge. Wenn du noch für jedes Land ein typisches Symbol findest, z.B. Frankreich (Baguette), Spanien (Stier), Schweden (Elch), Deutschland (Bier), Finnland (See)…, kannst du dir die einzelnen Länder noch viel leichter merken.

Beispiel:

An der Haustür hängt eine Tüte mit Baguettes (Frankreich). Ein Stier (Spanien) springt über unseren Gartenzaun. Unter dem Apfelbaum steht ein Elch (Schweden). Am Zeitungskiosk steht Tom und trinkt Bier (Deutschland).

Die Geschichten-Technik

Auch mit der Geschichten-Technik kannst du schnell und viel auswendig lernen. Verbinde dabei die zu lernenden Informationen mit einer passenden Geschichte, z.B.: Neulich saß ich in einem Restaurant und aß ein Baguette (Frankreich). Plötzlich ging die Tür auf und ein wild gewordener Stier (Spanien) raste an mir vorbei. Ich dachte, ich träume. Doch plötzlich ging die Tür noch einmal auf und ein großer Elch (Schweden) jagte an mir vorbei hinter dem Stier her. Ich traute meinen Augen nicht, auf dem Rücken des Stieres saß mein Vater, rief „Ole ole!" und trank eine Dose Bier (Deutschland)...

Der Vorteil beider Methoden ist, dass sie sich sehr gut eignen, um Reihenfolgen, z.B. geschichtliche Abläufe, Versuchsabläufe in Physik oder Chemie etc., zu lernen. Auch Vokabeln kannst du mit diesen Techniken lernen. Wenn du mehr über diese Gedächtnismethoden erfahren willst, lies dazu das Buch *Power-Gedächtnis – fit in 30 Minuten*.

Texte lesen und Wichtiges behalten

Häufig ist es nicht leicht, aus Texten die wichtigsten Inhalte herauszufiltern. Die folgende 4-Schritt-Methode kann dir dabei helfen:

Schritt 1: Genau lesen und Überblick verschaffen

Lies den Text genau und konzentriert durch, damit du später nicht zu oft nachlesen musst. Das kostet unnötig Zeit.

Achte auf Textüberschriften und Untertitel

Diese beziehen sich in der Regel auf das zentrale Thema des Textes. Auf wichtige Inhalte deuten auch Zwischenüberschriften hin.

Wichtig sind die Einleitung und die ersten Sätze

Sie geben meist einen kurzen Überblick über den Gesamtinhalt des Textes.

Auch das Textende bzw. die letzten Sätze sind wichtig

Häufig ist hier das Wesentliche noch einmal zusammengefasst.

Suche nach wichtigen Informationen

Fett oder kursiv gedruckte und farblich hervorgehobene Wörter deuten meistens auf wichtige Inhalte hin.

Besonders effektiv liest du einen Text dann, wenn du nach ganz bestimmten Informationen suchst, z.B. Begriffe, Zahlen etc. Hilfreich kann es dabei sein, wenn du diese Informationen unterstreichst oder auf einem Blatt notierst.

Schritt 2: Wichtige Schlüsselwörter markieren

Zum Markieren legst du dir ein Lineal, einen Bleistift, einen Textmarker (z.B. gelb) und einen dünnen Stift (z.B. rot) zurecht.

Lies den Text ein zweites Mal und überlege, welche Schlüsselwörter du mit dem Marker kennzeichnen willst. Schlüsselwörter funktionieren, wie das Wort schon sagt, wie Schlüssel zu deinem Gedächtnis. Auch wenn du dir zu einem späteren Zeitpunkt nur die markierten Stellen im Text oder einzelne Schlüsselwörter anschaust, erinnern sie dich an weitere Informationen, die du zusammen mit ihnen gespeichert hast.

Schritt 3: Nebeninformationen unterstreichen

Wichtige Nebeninformationen zu den bereits markierten Schlüsselbegriffen solltest du zusätzlich mit einem dünnen roten Stift unterstreichen. Achte aber darauf, dass du nicht zu viel unterstreichst und so die Übersicht verlierst.

Schritt 4: Die wichtigen Informationen sichern

Nun geht es darum, dass du die aus dem Text herausgefilterten Informationen so sicherst, dass du sie bei der Vorbereitung einerseits gut lernen und andererseits auch in deinem Langzeitgedächtnis für die Klassenarbeit speichern kannst. Dazu gibt es zwei sehr gute Möglichkeiten:

Sichern der Infos auf Karteikarten

Nimm dir die markierten Schlüsselwörter oder die Absatzüberschriften vor und schreibe sie jeweils auf die Vorderseite einer Karteikarte. Auf der Rückseite erläuterst du sie knapp. So kannst du die wichtigsten Informationen bei der Vorbereitung auf Klassenarbeiten leicht wiederholen.

Eine Mind Map gestalten

Zusammenhänge zwischen einzelnen Informationen kannst du gut in einer Mind Map darstellen. Wir nennen die Methode „Spickzettel-Technik“. Wie sie funktioniert, erfährst du jetzt.

„Spickzettel“ schreiben

Es ist natürlich nicht erlaubt, Spickzettel in einer Klassenarbeit zu benutzen. Spickzettel für zu Hause schreiben hingegen darfst du. Unsere „Spickzettel-Technik“ entspricht der bekannten Mind-Map-Methode.
Mind Map heißt übersetzt Gedächtniskarte. Solche Gedächtniskarten sind so gestaltet, dass du schon beim Zeichnen die Informationen für die Klassenarbeit in deinem Gedächtnis abspeicherst. Und so geht's:

Verwende Blanko-Papier!
Das ist Papier ohne Linien oder Kästchen. Darauf kannst du besser zeichnen.

Beschreibe das Papier im Querformat!
Eine Mind Map entwickelt sich eher in die Breite als in die Höhe.

Schreibe oder male das Thema in die Mitte des Blattes!
Zeichne darum einen Kreis. So konzentrierst du dich besser auf das Thema. Solltest du dich auf mehrere Themen vorbereiten, dann entwirf für jedes Thema eine eigene Mind Map.

>>

Zeichne für jeden Hauptgedanken einen Hauptast!

Von der Mitte ausgehend zeichnest du nun für jeden gefundenen Hauptpunkt einen Ast. Diese Äste entsprechen z.B. den Kapitelüberschriften. Beschrifte die Hauptäste mit Großbuchstaben.

Füge weitere Einzelheiten als Nebenäste oder Zweige hinzu!

Weiterführende Gedanken zeichnest du als Nebenäste an den jeweiligen Hauptast. Diese kannst du wiederum durch das Anfügen von Zweigen ergänzen. Beschrifte Nebenäste und Zweige in Normalschrift.

Verwende Schlüsselwörter!

Ganze Sätze sind für dein Gedächtnis zu lang. Beschrifte deshalb deine Mind Maps mit passenden Schlüsselwörtern.

Verwende Farben und Symbole!

Diese gestalten eine Mind Map übersichtlicher und erleichtern das Erinnern.

Auf der nächsten Seite findest du eine Beispiel-Mind-Map für eine Biologie- bzw. Sachkundearbeit über den Maulwurf.

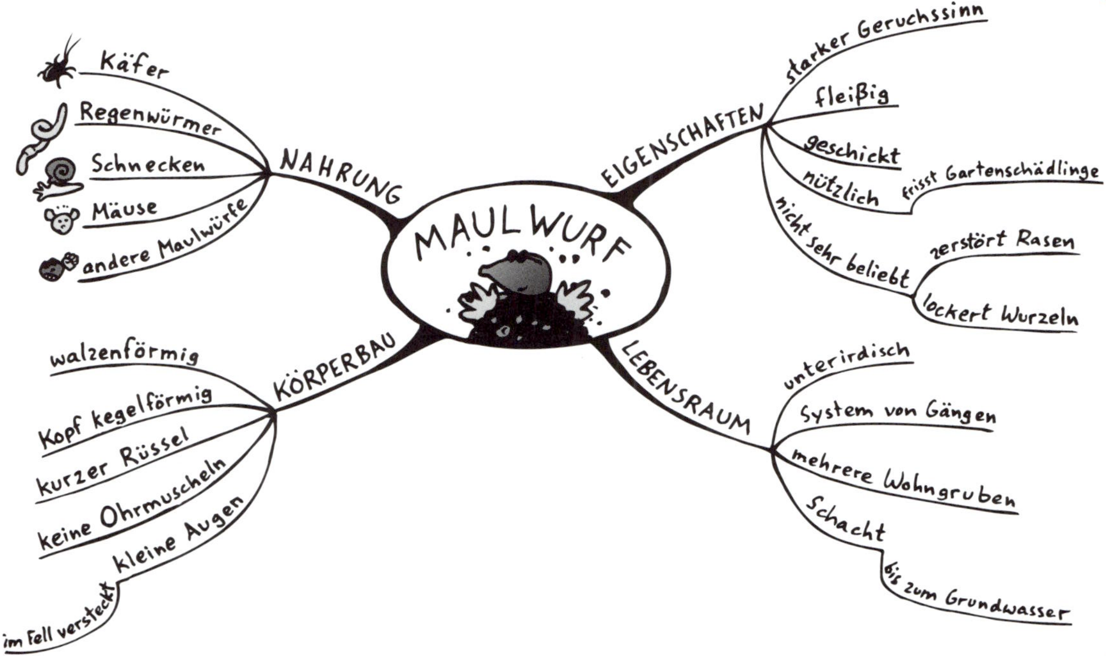
MAULWURF
NAHRUNG
Käfer
Regenwürmer
Schnecken
Mäuse
andere Maulwürfe
EIGENSCHAFTEN
starker Geruchssinn
fleißig
geschickt
nützlich
frisst Gartenschädlinge
nicht sehr beliebt
zerstört Rasen
lockert Wurzeln
KÖRPERBAU
walzenförmig
Kopf kegelförmig
kurzer Rüssel
keine Ohrmuscheln
kleine Augen
im Fell versteckt
LEBENSRAUM
unterirdisch
System von Gängen
mehrere Wohngruben
Schacht
bis zum Grundwasser

Was könnte drankommen?

Eine sehr gute Methode zur Vorbereitung auf Klassenarbeiten ist es, wenn du dir überlegst, welche Aufgaben du als Lehrer für die kommende Arbeit stellen würdest. Dazu solltest du vorab aber wissen, welche Aufgabentypen in Klassenarbeiten drankommen können. Folgende Möglichkeiten gibt es z.B.:

Lerninhalte wiedergeben

Hierbei geht es darum, dass du auswendig gelernten Lernstoff aus deinem Gedächtnis unverändert abrufst, z.B. Vokabeln für einen Vokabeltest, die Nahrung des Maulwurfs in einer Biologiearbeit, die Bundesländer mit Hauptstädten in einem Erdkundetest, die Reihenfolge der Feiertage im Jahr in einer Religionsarbeit...

Formeln, Regeln etc. anwenden

Gelernte Mathematik-, Physik- oder Chemieformeln musst du nun in neuen Zusammenhängen richtig anwenden können, z.B. die Zahlen aus einer Textaufgabe richtig in die Zinsformel einsetzen...
Das Gleiche gilt natürlich auch für Grammatik- oder Rechtschreibregeln, z.B. Regeln der Groß- und Kleinschreibung in einem Diktat richtig anwenden können, die Satzteile in einem neuen Satz bestimmen...

Gelerntes auf neue Situationen übertragen

Bei diesen Aufgabentypen geht es darum, dass du mit Hilfe deines Wissens neue Zusammenhänge verstehen und erklären kannst, z. B. bekommst du in einer Deutscharbeit einen neuen Textausschnitt aus dem Buch *Die Vorstadtkrokodile*. Diesen Textausschnitt sollst du nun im Zusammenhang der ganzen Lektüre interpretieren.

Eigene weiterführende Gedanken aufschreiben

Hier geht es darum, auf der Grundlage deines Wissens Zusammenhänge zu bewerten, zu begründen oder eigene neue Lösungen für Probleme vorzuschlagen, z. B. sollst du in einem Politiktest zur Rede eines Politikers über die Einführung einer Autobahngebühr Stellung beziehen und eine eigene Meinung formulieren.

Wenn du dich vor einer Klassenarbeit zunächst in die Rolle deines Lehrers versetzt, hilft dir dies bei der Suche nach den richtigen Aufgaben zum Lernen und Wiederholen des Lernstoffs.

Mit Freunden lernen

Es kann sehr sinnvoll sein, wenn du dich mit Freunden auf Klassenarbeiten vorbereitest. Eine Statistik über die Behaltensleistung des menschlichen Gedächtnisses zeigt dies.

Wir behalten

- 10 % von dem, was wir lesen,
- 20 % von dem, was wir hören,
- 30 % von dem, was wir sehen,
- 50 % von dem, was wir hören und sehen,
- 70 % von dem, was wir mit eigenen Worten mitteilen,
- 90 % von dem, was wir selber tun.

Im Durchschnitt behalten wir also 70 % von dem, was wir mit eigenen Worten wiedergeben, also z. B. einem Freund erzählen. Wenn du Lernstoff anderen erklärst, ist dies eine hervorragende Lernmethode. Beim gemeinsamen Lernen solltet ihr jedoch folgende Spielregeln einhalten:

Bereitet euch auf eure „Meetings" vor

Jeder sollte gut vorbereitet sein. Nur dann verlaufen eure Treffen erfolgreich. Ihr könnt zu Beginn die Arbeit so aufteilen, dass jeder von euch einen bestimmten Lernstoff zu Hause für alle vorbereitet. Die Inhalte sollten dann vor der Gruppe präsentiert werden. „Handouts", d. h. Zettel, auf denen die wichtigsten Dinge stichpunktartig festgehalten sind, können eure Vorbereitung zusätzlich unterstützen.

Plant „Pufferzeiten" ein

Lieber mehr Zeit einplanen als zu wenig. Ein Gehetze durch den Lernstoff bringt nur unnötig Unruhe. Ein bisschen Zeit fürs Plaudern am Anfang oder Ende der Lernzeit sollte auf jeden Fall berücksichtigt werden, denn diese Zeit ist immer wichtig für die gute Stimmung in der Gruppe.

Bleibt bei der Sache

Häufig funktioniert das gemeinsame Lernen deshalb nicht, weil zu viel Zeit mit Quatschen und gegenseitigem Ablenken vertrödelt wird. Ernennt am besten vor dem Start einen „Schiedsrichter", der darauf achtet, dass ihr nicht vom Thema abschweift. Wenn ihr merkt, dass die Konzentration nachlässt, macht lieber eine kurze Pause zum Verschnaufen.

Zusammenfassung

- **Damit dein Gedächtnis den Lernstoff schneller und länger abspeichert, solltest du es vorher „tunen".**
- **Nutze die Loci- oder die Geschichtentechnik zum schnellen Auswendiglernen vieler Informationen.**
- **Erarbeite dir Texte mit Hilfe der 4-Schritt-Methode, um das Wichtigste herauszufiltern. Sichere diese Informationen auf einem „Spickzettel".**
- **„Lernen mit Freunden" ist eine sehr sinnvolle Vorbereitungsmethode. Beachtet dabei die Spielregeln!**

4. Während der Klassenarbeit

Hast du Lust auf einen kleinen „Härtetest"?

Willst du wissen, wie du während einer Klassenarbeit die Ruhe bewahren kannst?

Weißt du, welche Rituale dir helfen, auch in brenzligen Situationen die Nerven zu behalten?

Das Nervenflattern kann beginnen

Wenn die Vorbereitung noch halbwegs in Ruhe abgelaufen ist, dann beginnt spätestens am Morgen vor der Klassenarbeit das große Zittern. Jetzt wird sich zeigen, ob die Vorbereitung richtig gewesen ist.

Und was passiert dann?

Die Aufgabenstellungen werden nicht richtig durchgelesen – Kommentare des Lehrers werden überhört – du beginnst möglichst schnell mit dem Lösen der Aufgaben – aus Hektik entstehen Fehler, die genauso hektisch wieder verbessert werden – aus Verzweiflung willst du mit dem Nachbarn Kontakt aufnehmen – du beobachtest ständig den Lehrer, schaut er, schaut er nicht? – die Zeit rinnt davon…

Die Folge ist zwar kein Herzinfarkt, aber ständiges Herzrasen, schneller Puls, schwitzige Hände, Übelkeitsgefühle, Kopfschmerzen…

So verzweifelt brauchst du nicht mehr sein, wenn du die Tipps zur Vorbereitung berücksichtigt hast!

Klassenarb

Der kleine Härtetest

Für die Bearbeitung der folgenden Aufgaben hast du *nur zehn Minuten Zeit.* Beeile dich also und zeig, was du kannst. Notiere die Lösungen im Kasten auf der nächsten Seite. Nimm einen Stift zur Hand und los geht's!

KLASSENARBEIT NR. 1

1. Lies dir alle Aufgaben genau durch.
2. Schreibe in das Feld oben rechts deinen Namen.
3. Multipliziere dein Alter mit der größten Zahl auf dieser Seite.
4. Zähle alle Wörter auf dieser Seite zusammen, in denen der Buchstabe „e" mindestens zweimal vorkommt.
5. Schreibe drei europäische Hauptstädte in den Kasten.
6. Zeichne einen Schnurch mit Sonne.
7. Schreibe die Namen deiner Lehrer und Lehrerinnen in alphabetischer Reihenfolge.
8. Beschreibe in einem Satz, was du gerade machst.
9. Steige auf einen Stuhl und drehe dich zweimal im Kreis.
10. Jetzt, wo du dir alle Aufgaben genau durchgelesen hast, erledige nur Aufgabe 2.

Zeit: 10 Minuten

Lösungen:

Na, wie hast du abgeschnitten?
Solltest du lediglich deinen Namen im Lösungskasten notiert haben, dann gratuliere. Du hast eine Eins. Alle anderen müssen sich leider mit einer knallharten Sechs begnügen. Warum? Aufgabe 1 besagt, dass du dir alle Aufgaben erst einmal genau durchlesen sollst. Hättest du dies getan, dann hättest du bei Aufgabe 10 gelesen, dass nur Aufgabe 2 zu erledigen ist.

Macht nichts, denn: Was lernt man daraus?
Aus Zeitdruck beginnen die meisten Schüler sofort mit dem Lösen der Aufgaben. Die grundsätzliche Regel lautet aber: Lies dir erst alle Aufgaben genau durch. Nur so kannst du dir einen genauen Überblick über die ganze Arbeit verschaffen.

Die Geschichte von Stefan

Stefan und ich waren Freunde und Tischnachbarn in der Schule. Eigentlich war Stefan ein netter Kerl, ein richtiger Kumpel, mit dem man ordentlich Blödsinn machen konnte. Doch bei Klassenarbeiten nervte er mich regelmäßig, weil er sich da äußerst seltsam verhielt.

Countdown: noch fünf Minuten

Die meisten von uns waren nun damit beschäftigt, sich gegenseitig verrückt zu machen: „Diese Arbeit wird bestimmt noch grausamer als die letzte. Die letzte Klassenarbeit ist bei Herrn Engelbert immer besonders schwer. Hast du auch alle unregelmäßigen Verben gelernt? Er hat irgendwann einmal gesagt, man müsse die im Schlaf können..."
Und Stefan? Ihn schien das alles wenig zu interessieren. Er sortierte ruhig seine Stifte und legte wie immer einen Apfel und ein eingepacktes Leberwurstbrot auf den Tisch.

Momente der Hoffnung: noch eine Minute

Der Lehrer könnte ja die Arbeitshefte vergessen haben, vielleicht ist er ja auch kurzfristig krank geworden. Gestern sah er irgendwie auffällig blass aus. Vielleicht ist heute ja auch eine wichtige Lehrerkonferenz und die Arbeit muss verschoben werden...

Die Ernüchterung

Leider nichts von alledem, denn Herr Engelbert betrat pünktlich unseren Klassenraum. Ein heftiges Stöhnen ging durch die Klasse. Einige unserer „Abschreiber" wurden schnell noch auseinander gesetzt, bevor die Hefte ausgeteilt wurden. Stefans für mich unverständlicher Kommentar: „Schön, endlich kann es losgehen!"

…und wie ging's dann weiter?

Na ja, das kannst du dir wahrscheinlich denken. Die meisten in der Klasse schwitzten sich zu Tode, aber Stefan behielt die ganze Zeit die Nerven. Als ich bereits mit der ersten Aufgabe begann, war Stefan damit beschäftigt, alle Aufgaben in Ruhe noch einmal zu lesen und dabei von seinem Leberwurstbrot abzubeißen. Obwohl ich früher angefangen hatte, war Stefan immer vor mir mit allen Aufgaben fertig. Er hatte im Gegensatz zu mir sogar Zeit, kleine Pausen einzulegen, in denen er cool an seinem Apfel nagte.

Warum sich mein Freund Stefan bei Klassenarbeiten genau richtig verhielt, erfährst du auf den folgenden Seiten.

Einen kühlen Kopf bewahren

Stefan machte es richtig. Wenn du deine Klassenarbeiten ähnlich gelassen schreiben möchtest, achte auf Folgendes:

Höre deinem Lehrer genau zu

Häufig gibt der Lehrer beim gemeinsamen Lesen der Aufgabenstellung wertvolle Hinweise und Tipps. Wenn du jetzt schon mit dem Lösen der Aufgaben beginnen solltest, könntest du Wichtiges überhören.

Frage nach, wenn dir etwas unklar ist

Solltest du eine Aufgabenstellung nicht verstehen, dann frage deinen Lehrer, bevor du dir lange den Kopf zerbrichst.

Lies Aufgabenstellungen und Texte gründlich durch

Fehler entstehen meist dadurch, dass Aufgabenstellungen und Texte aus Zeitdruck nur oberflächlich gelesen werden. Nimm dir deshalb genug Zeit zum Lesen. Denk an Stefan, der trotz gründlichen Lesens problemlos mit allen Aufgaben fertig geworden ist.

Finde dein Tempo – achte nicht auf die anderen

Lass dich nicht von Mitschülern verrückt machen, die scheinbar schneller arbeiten als du. Wichtiger ist es, sein eigenes Arbeitstempo zu finden und beizubehalten.

Vom Leichten zum Schweren

Das hat zwei Vorteile: Du verschaffst dir schnell Erfolgserlebnisse – das motiviert dich. Und du sammelst schon zu Beginn der Arbeit wichtige Punkte für die Gesamtnote. Wenn du hingegen mit einer schwierigen Aufgabe beginnst, könntest du rasch verzweifeln, wenn du sie nicht schnell genug lösen kannst.

Fertige Lösungsskizzen an

Häufig erleichtert es das Lösen einer Aufgabe, wenn du auf einem Schmierzettel vorher den Lösungsweg aufschreibst.

Lege kleine Pausen ein

Pausen sind wichtig, damit du dich konzentrieren kannst. Sollte Essen und Trinken erlaubt sein, dann nutze die Kurzpausen, um dir wertvolle Energie zuzuführen. Lehne dich zurück und trinke am besten Mineralwasser oder Schorle. Verboten sind zuckerhaltige Getränke und Süßigkeiten, denn Zucker könnte dich schnell nervös machen. Höchstens zehn Minuten vor Ende der Arbeit sind Schokolade, Cola & Co. erlaubt, um sich auf der Zielgeraden noch einmal zu „dopen“. Das gilt übrigens auch für Traubenzucker.

Nimm dir Zeit zur Kontrolle – nutze die Zeit voll aus

„Heft zu und abgeben“ – das ist das Motto vieler Schüler. Hauptsache fertig! Vergiss auf keinen Fall eine Kontrolle zu machen, um Fehler zu beseitigen und Wichtiges zu ergänzen.

Bloß keine Panik – bleibe ruhig!

Auch wenn dir ein Begriff, eine Zahl oder eine Regel nicht sofort einfällt: Lass deinem Gedächtnis etwas Zeit, um in deinen „Gedächtnisschubladen" zu kramen. Dauert dir die Wartezeit zu lange, dann mach mit einer anderen Aufgabe weiter. Häufig erinnerst du dich beim zweiten Anlauf wieder an das Gelernte.

Finde Rituale!

Wenn du die Geschichte von Stefan auf den Seiten 56 und 57 gelesen hast, ist dir vielleicht aufgefallen, dass sich Stefan nicht von den anderen ablenken ließ, sondern genau wusste, wann er was zu tun hat. So nahm Stefan z. B. zu jeder Arbeit einen Apfel und ein Leberwurstbrot mit. Kurz bevor die Arbeit ausgeteilt wurde, sagte er immer fröhlich: „Schön, endlich kann es losgehen."

Rituale helfen in schwierigen Situationen – nicht nur Stefan, sondern auch dir. Überlege, welche Rituale dich vor und während der Arbeit, in Panikstimmung und bei der Kontrolle am Schluss der Klassenarbeit unterstützen können.

Zusammenfassung

- **Immer mit der Ruhe! Denke daran: Gute Noten schreibst du dann, wenn du perfekt vorbereitet bist und dich darauf freust, dein Wissen zum Besten geben zu können.**

Empfehlenswerte Bücher

Gemmer, Björn & Konnertz Christiane
Hausaufgaben – fit in 30 Minuten
Offenbach: GABAL Verlag 2005

Konnertz, Dirk:
Entspannen – fit in 30 Minuten
Offenbach: GABAL Verlag 2002

Gemmer, Björn; Sauer, Christiane & Konnertz, Dirk:
Mind Mapping – fit in 30 Minuten
Offenbach: GABAL Verlag 2001

Sauer, Christiane & Konnertz, Dirk:
Powergedächtnis – fit in 30 Minuten
Offenbach: GABAL Verlag 2000

Seiwert, Dr. Lothar J. & Konnertz, Dirk:
Zeitmanagement – fit in 30 Minuten
Offenbach: GABAL Verlag 2000

Stichwortregister

Kennst du schon die anderen Bücher aus der Reihe „Kids auf der Überholspur"?

Dirk Konnertz, Christiane Sauer
Entspannen – fit in 30 Minuten

Ulrich Strunz, Dirk Konnertz
Fitness – fit in 30 Minuten

Dirk Konnertz, Dirk Jennemann
Flirten – fit in 30 Minuten

Björn Gemmer, Christiane Konnertz
Hausaufgaben – fit in 30 Minuten

Sebastian Sauer
Internet – fit in 30 Minuten

Björn Gemmer, Christiane Sauer
Konflikte lösen – fit in 30 Minuten

Björn Gemmer
Konzentration – fit in 30 Minuten

Björn Gemmer
Kreativität – fit in 30 Minuten

Dirk Konnertz, Christiane Sauer
Lernspaß – fit in 30 Minuten

B. Gemmer, D. Konnertz, C. Sauer
Mind Mapping – fit in 30 Minuten

R. K. Sprenger, C. Sauer
Motivation – fit in 30 Minuten

Christiane Sauer, Dirk Konnertz
Power-Gedächtnis – fit in 30 Minuten

Christiane Sauer
Reden und präsentieren – fit in 30 Minuten

Uli Kißling, Dirk Konnertz
Schneller rechnen – fit in 30 Minuten

Barbara Hipp
Selbstbewusstsein – fit in 30 Minuten

Barbara Hipp
Stressbewältigung – fit in 30 Minuten

Dirk Konnertz, Christiane Sauer
Überzeugen – fit in 30 Minuten

Lothar J. Seiwert, Dirk Konnertz
Zeitmanagement für Kids – fit in 30 Minuten

Dirk Konnertz, Hubert Schwarz
Ziele erreichen – fit in 30 Minuten